ALLOCUTION

Prononcée par M. l'Abbé PLANUS

Vicaire général d'Autun

A L'OCCASION DU MARIAGE

DE

Monsieur CLAUDIUS SORDET

ET DE

Mademoiselle JULIE DUCRAY

Célébré dans l'église de Sainte-Croix de Lyon, le 10 octobre 1889

LYON

IMPRIMERIE VITTE ET PERRUSSEL

30, rue Condé, 30

ALLOCUTION

Prononcée par M. l'Abbé PLANUS

Vicaire général d'Autun

A L'OCCASION DU MARIAGE

DE

Monsieur Claudius SORDET

ET DE

Mademoiselle Julie DUCRAY

Célébré dans l'église de Sainte-Croix de Lyon, le 10 octobre 1889

LYON

IMPRIMERIE VITTE ET PERRUSSEL

30, rue Condé, 30

Ma chère enfant,

Monsieur,

La Religion ennoblit et agrandit tout. Elle donne aux événements de la vie, relevés ou obscurs, d'autres proportions que celles dont l'opinion accoutumée se contente. C'est là un de ses titres à l'admiration et au respect.

Je choisis comme exemple le spectacle charmant que nous avons sous les yeux : cette cérémonie de mariage à laquelle nous sommes si heureux, tous, de prendre part.

Deux existences, deux destinées vont s'unir. L'attrait qui les a rapprochées et les enchaîne d'avance, par une heureuse exception à la foule des alliances trop improvisées, date de loin. Ce plein jour a eu son matin et son aurore. Il y a longtemps que ce bonheur a commencé de naître, et l'avenir promet de répondre au passé. Vision délicieuse, la plus douce, la plus attrayante des visions de félicité humaine. Chacun lui sourit et se plaît à la bénir.

L'idée religieuse apparaît. Ce qui déjà était beau et grand, acquiert soudain, en tout sens, plus de beauté et plus d'ampleur. Vous comptez le nombre d'années écoulées depuis que l'histoire de ces deux vies et de leur union future s'est dessinée... La foi nous enseigne que cette histoire et cette union remontent bien au delà des limites que vous marquez, infiniment plus haut et plus loin que vos souvenirs, jusqu'aux profondeurs mêmes de la pensée éternelle de Dieu. Éternellement Dieu voit ce qui s'accomplit dans la rapidité du temps. Son élection mystérieuse sans doute, mais certaine, vous a de toute éternité réservés l'un à l'autre, jeunes époux ; et de toute éternité vous deviez vous connaître et vous aimer. Ce qui se réalise aujourd'hui n'a point pour origine seulement les convenances et les rencontres d'hier, mais le lointain majestueux des desseins et de l'amour du Père qui est dans les cieux !

Voilà pour le passé. Il en faut dire autant de l'avenir. En avant comme en arrière, la Religion ajoute l'infini aux données habituelles du problème de la destinée. Au lieu de la simple durée d'une vie humaine, qui, pour prolongée qu'elle puisse être, reste toujours bornée et courte, elle ouvre les horizons éternels. Cette union, que vous allez contracter dans la douce liberté de vos engagements, ne se bornera point aux rapides années d'ici-bas, mais au delà de l'existence présente, se poursuivra sans fin, affermie, transfigurée, divinisée.

Et pour remplir le temps même du trajet entre le passé et l'avenir, cette traversée, ce voyage que l'Écriture nomme « le jour d'aujourd'hui », la Religion encore nous invite aux plus hautes et éminentes pensées. Tandis qu'à voir humainement les choses, on ne dépasse guère, en fait d'espérance et d'ambition, un peu de dignité à mettre dans sa conduite, un peu de bien-être à conquérir, un peu de bonheur à garantir contre les incessantes menaces de l'épreuve, la Religion propose comme but supérieur, comme œuvre par excellence, l'idéal du bien à réaliser dans la communauté soutenue des nobles désirs et des efforts généreux.

La Religion.... Il est temps de me servir d'un terme moins vague. Je parle à des chrétiens. Je dois leur rappeler que le mariage n'est pas un acte religieux quelconque projetant sur la vie une belle lumière et un grand honneur. Le mariage est un sacrement. Un sacrement, c'est Jésus-Christ lui-même, rencontré, accepté, accueilli, mis de moitié dans l'existence, pour tout éclairer et tout conduire. Oh ! ne vous effrayez pas. Ne craignez pas que votre intimité ait à souffrir de ce voisinage et de cette présence ! Jésus n'est de trop nulle part.

Les idées élevées que j'indiquais tout à l'heure c'est Lui qui vous en instruira et persuadera à fond et vous les rendra familières. Le souci accoutumé du bien, c'est Lui qui vous l'inspirera. Les énergies capables de vous le faire poursuivre et de vous le faire atteindre, c'est Lui qui vous les communiquera.

L'Evangile nous apprend que l'un des premiers actes de la vie publique de Jésus fut d'assister aux noces de Cana et d'y changer l'eau en vin. Sur quoi, certains esprits légers se permettent de plaisanter agréablement, jugeant singulier, pour ne rien dire de plus, ce début d'une mission divine. Sourire n'est point difficile. Ce qui l'est davantage, ce qui l'est tout à fait, c'est d'avoir raison contre Celui qui a dit : « Je suis la vérité. » Jésus s'assied au festin de famille de ses amis, pour honorer de sa présence toute sainte, l'union de l'épouse et de l'époux, dégradée et avilie par le paganisme, pour relever aux yeux de tous la notion même du mariage, pour la bénir, pour la venger, pour la fixer à des hauteurs d'où les basses concupiscences ne la détrôneraient plus. Jésus change l'eau en vin, laissant entendre sous le voile d'un symbolisme facile à saisir, qu'il a puissance, qu'il a seul puissance, pour opérer dans les cœurs et les vies qui s'unissent, le changement nécessaire des qualités humaines aux vertus chrétiennes, des vues terrestres aux intuitions larges de la foi, des tendresses naturelles toujours fragiles aux fidélités vaillantes et délicates d'un saint amour.

Je m'attarde peut-être trop à ces considérations où se plaisent mes sentiments de chrétien et de prêtre. Pourtant je me sens à l'aise avec vous, ma chère enfant — je remarque que je ne vous ai pas encore demandé la permission d'user de cette appellation familière ; vous ne me la refuserez pas ; je vous ai presque vue naître et grandir — oui, à l'aise avec vous dont la foi et la piété intelligente me sont connues. Je vous félicite de cette tendance de l'esprit, de cette inclination du cœur aux choses surnaturelles, et je m'en autorise pour ne pas regretter de vous avoir parlé avec quelque insistance, le langage de la religion. Toute votre formation d'âme, toutes les influences qui ont entouré votre premier âge et votre jeunesse, celles du foyer domestique et celles de la maison d'éducation où vous avez été élevée, vous rendent capable d'entendre et de comprendre.

Quelle privation pour vous et pour nous que votre bonne mère ne soit pas là, à cette fête désirée tout à la fois et redoutée des mères! Sa place y était si bien marquée! Il lui revenait si bien de jouir de l'épanouissement de votre destinée dont elle fut l'ouvrière et l'apôtre, des admirables dispositions qu'elle a cultivées et fait éclore en vous ! L'épouse aimable, sage, dévouée, chrétienne, que vous promettez d'être et que vous serez, c'est elle qui par ses enseignements et ses exemples, l'a en quelque sorte façonnée de son cœur et de ses mains, jour après jour. Ne vous attristez pas. Le malaise qui la retient dans sa demeure, Dieu merci, n'a plus rien d'inquiétant. C'est une ombre qui disparaîtra demain. Tout à l'heure, vous la retrouverez heureuse et émue des grandes choses qui viendront de s'accomplir, comme si elle en eût été le témoin, et votre couronne d'orangers au front, vous lui donnerez le baiser de reconnaissance attendrie pour tout ce que vous lui devez à jamais.

La mère... Et le père à son tour, ouvrier lui aussi de ce que vous avez en vous de bon, de meilleur ! Oh ! laissez-moi dire à ce cher vieil ami, ici même, au pied de cet autel et devant vous, mon enfant, un peu du bien que je pense de lui. Il y a si longtemps que je le connais et que je l'aime ! Vous a-t-il parfois raconté comment la Providence, voilà quelque trente ans, nous fit nous rencontrer dans le monde, comment ses idées, ses tendances, ses goûts, sa naturelle élévation, son culte des choses de l'esprit, ses habitudes et ses aptitudes de penseur, furent pour moi, au milieu des aridités de l'existence que nous menions ensemble, un refuge et un secours? A ma dette personnelle de gratitude, je puis mieux comprendre et mesurer la vôtre. Il veut bien dire de son côté, que je ne lui ai point été inutile, que le spectacle de ma vocation sacerdotale a exercé sur lui une salutaire influence. Je ne m'en défends pas. Cette réciprocité de services intimes me touche et me plaît. Cher ami, qu'il y a longtemps de tout cela ! Nos vies, un instant rapprochées et mêlées, ont eu depuis, à distance l'une de l'autre, leur évolution diverse. Tandis que, au nom de mon saint ministère, je suis allé chercher les âmes sur toutes les routes apostoliques, vous, dans le silence et la paix de votre heureux foyer, vous vous êtes penché sur une seule âme, et les richesses du don de Dieu qui étaient en vous, vous avez mis votre honneur et votre meilleure joie à les lui faire partager. Et vous avez réussi pleinement. Et voici qu'en ce jour vous m'appelez à couronner avec vous votre œuvre. C'est de tout mon cœur que je m'associe à votre belle tâche si bien remplie... comme c'est de tout mon cœur — pourrais-je ne pas l'ajouter? — que je m'unis aux tristesses involontaires, peut-être aux larmes secrètes qu'il vous faut subir. Je n'ai pas qualité pour pénétrer à fond cette délicate peine ; il me semble cependant que je devine ce qu'il en doit coûter à un père aimant comme vous, de voir l'enfant qui fut sa joie et son orgueil, se séparer de lui, même pour aller au bonheur !

Je n'oublierai pas de saluer la chère aïeule que je vois là, au premier rang, toute troublée de sa religieuse émotion. Je ne dirai d'elle qu'un mot. Je le tiens de vous, mon enfant ; il résume tout ce qui se peut dire de plus complet : elle n'a jamais cessé d'être pour vous, une seconde mère.

Et vous, Monsieur, je n'ai l'honneur de vous connaître que depuis bien peu de temps, mais sans m'être rencontré avec vous, je savais par avance ce qu'il fallait penser des rares garanties que vous offrez à celle dont vous commencez aujourd'hui de partager la destinée. Vous aussi, favorisé de l'inestimable avantage d'une éducation chrétienne, vous avez eu par surcroît, au foyer domestique, le bienfait des leçons, des exemples, des encouragements les plus aptes à vous donner une haute idée du devoir. Votre mère vous a constamment enseigné le prix des vertus modestes et silencieuses : le dévouement, la bonté, la douceur, si nécessaires, si indispensables aux joies intimes de la famille. Votre père, un de ces hommes qui à force d'intelligence, de travail et de probité se sont fait dans la société leur place d'honneur, vous a tracé la voie, vous la trace encore. L'imiter et le suivre, vous ne sauriez avoir de meilleures ambitions.

Vous ne me pardonneriez pas, Monsieur, si j'oubliais d'exprimer bien haut, de votre part, toute votre reconnaissance au prêtre qui vous aima et que vous aimez (1). Il est près de vous, en ce moment solennel de votre vie, pour vous bénir, comme il s'est tenu près de vous, pendant les

____

(1) M. l'abbé Tachon, vicaire de Saint-Paul à Lyon.

années de votre adolescence et de votre jeunesse, pour vous aider de ses affectueux conseils. Nouveau Tobie, vous avez eu votre Raphaël. Dans quelques instants, c'est lui qui montera à l'autel, qui célébrera le saint sacrifice, prenant ainsi sa part, une part qui lui est due mille fois, à l'honneur et à la joie de votre mariage. Heureux le jeune homme à qui Dieu ménage ainsi la protection discrète d'un prêtre intelligent et dévoué! Vous souscrivez, n'est-il pas vrai? à mon affirmation. Toute votre âme y fait écho. Il faut, Monsieur, que vous me permettiez de donner, pour mon propre compte, satisfaction à une exigence de cœur soudain éveillée par ce que je viens de dire. Je suis de ceux qui doivent beaucoup à un bon prêtre. Et puisque je me trouve ici enveloppé de son souvenir, puisque je parle dans l'église même dont il a été le vaillant fondateur (1), je veux honorer sa mémoire de ma reconnaissance et de mon admiration la plus sincère. Ce que vous faites, je veux le faire, remercier moi aussi, — hélas! en cela moins favorisé que vous, — à travers les séparations de la mort, celui qui fut l'ange gardien de mes vingt ans!

Chers amis, je reviens à vous. Vous vous apportez donc mutuellement de bien légitimes éléments de confiance et d'espoir.

Dans cette lumière supérieure qui tombe sur vous des hauteurs de la foi chrétienne, qui embellit encore vos tendresses, qui se surajoute à tout le reste des promesses gracieuses dont vos vies sont pleines, commencez votre tâche à votre tour, abordez vaillamment et doucement la destinée que Dieu vous ouvre.

Pour nous, témoins émus et ravis de votre bonheur, nous l'entourerons de nos vœux et de nos prières. Les parents, les plus proches parents sauront être généreux,

(1) M. l'abbé Reull, premier curé de la paroisse de Sainte-Croix, à Lyon.

ils se dessaisiront, à votre profit, de leurs joies accoutumées, quelque grand et douloureux que soit le sacrifice. Comme l'a dit Lamartine, notre poëte de prédilection, dans ces jeunes années dont je réveillais tout à l'heure avec charme et tristesse le souvenir :

« Un seul être vous manque et tout est dépeuplé. »

Mais en acceptant cette pensée du poëte, en se l'appliquant, ils sauront l'imprégner d'un sentiment plus pur, plus élevé, plus chrétien; ils consentiront à la solitude où va les jeter votre absence, pour que vous soyez deux, unis d'esprit et de cœur, et que de vous naisse une famille, date un avenir !

Les amis, et ils sont nombreux ici, se joindront à vos parents bien-aimés pour grossir la gerbe des sympathies pieuses et des souhaits. Les amis, c'est-à-dire M. le curé de cette paroisse et ses dignes collaborateurs, pour qui une union chrétienne comme la vôtre est à la fois une récompense, une consolation et un espoir ; c'est-à-dire ce vénéré M. le curé de Saint-Paul que j'aperçois presque à côté de vous, un des doyens les plus respectés et les plus aimés de la grande famille sacerdotale de Lyon ; c'est-à-dire toute cette assistance d'une distinction et parfaite, c'est-à-dire, enfin, celui qui vous parle, et pour qui c'est une fête et un honneur de vous parler.

Oui, tous ensemble nous nous recueillerons devant le serment solennel que vous allez échanger, et nous y répondrons du meilleur de notre âme. Tous ensemble, dans ce majestueux langage dont se sert l'Eglise, quand elle célèbre l'union sainte de ses fils, nous demanderons à Dieu, au Dieu d'Abraham, d'Isaac et de Jacob, au Dieu des familles prospères, de vous aimer, de vous protéger, de vous bénir !

LYON. — IMPRIMERIE VITTE ET PERRUSSEL, RUE CONDÉ, 34.